Inhalt

Kfz-Märkte der Zukunft - Indien, China und Russland im automobilen Goldrausch!?

Kernthesen

Beitrag

Fallbeispiele

Zahlen und Fakten

Weiterführende Literatur

Impressum

Kfz-Märkte der Zukunft - Indien, China und Russland im automobilen Goldrausch!?

Autor GENIOS BranchenWissen: T.Eismann

Kernthesen

- Der chinesische Automobilmarkt wird von den Automobilherstellern als Absatzmarkt überschätzt und als internationale Konkurrenz zum Teil unterschätzt.
- Chinesische Autobauer werden sich mittelfristig auf dem internationalen Automobilmarkt als ernsthafte Konkurrenz zu den etablierten Markenherstellern positionieren - Gefahr droht auch hier

durch Markenpiraterie.(6)
- Indien und vor allem Russland stehen in den Startlöchern für den neuen automobilen Absatzboom vor allem Stabilität zeichnet beide Märkte aus. (11)
- In Indien teilen sich japanische und einheimische Hersteller den Pkw-Markt - europäische Hersteller müssen sich rasch engagieren, um am erwarteten Boom in den nächsten Jahren partizipieren zu können.

Beitrag

Für die internationale Automobilindustrie gilt China mit Abstand als der wichtigste Zukunftsmarkt, der sowohl Chance wie auch Bedrohung symbolisiert. Dabei dürfen Russland und Indien nicht vernachlässigt werden. Vor allem durch politische und wirtschaftliche Stabilität haben die beiden Märkte in den letzten Jahren international an Profil gewonnen.

China ein interessanter Absatzmarkt und eine Bedrohung für die etablierten

Automobilhersteller weltweit

Der chinesische Automobilmarkt wird von den Automobilherstellern als Absatzmarkt überschätzt und als internationale Konkurrenz zum Teil unterschätzt.
Schon heute bestehen Produktionsüberkapazitäten und der Markt wird mit Rabattschlachten, vor allem im Volumensegment, heftig umkämpft. Hohe Kreditzinsen und allgemeine Kaufzurückhaltung belasten zusätzlich. Doch kein internationaler Autohersteller kann es sich leisten nicht auf diesem Markt vertreten zu sein um langfristig in Asien präsent zu sein.

Im Jahr 2004 wurden in China 5,07 Mio. Kfz produziert, die Preise sanken um rund 13% und rund 500 000 Pkw standen zur Jahreswende 2004/05 bei den Händlern auf Lager. Die Autobauer leiden unter sinkenden Gewinnen, gleichzeitig steigen die Kosten durch höhere Löhne und steigende Stahlpreise rasch an. Das ist die Realität im chinesischen Automekka derzeit. (5), (6), (1)

Im chinesischen Automobilmarkt existieren hohe Überkapazitäten, die von japanischen, europäischen, amerikanischen und koreanischen Herstellern in den letzten Boomjahren aufgebaut wurden. Der Markt wuchs dabei zwischen 30 und 70% bei den

Neuzulassungen. Nun ebbt das Wachstum ab. Die Wachstumsrate lag 2004 bei unter 20%. VW hat dabei in den letzten Jahren Marktanteile verloren, ist aber immer noch Marktführer. [Abb.2] (9), (6)

Bis zum Jahr 2008 sollen die Produktionskapazitäten in China auf rund 8 Mio. Fahrzeuge ansteigen. Der Absatz soll dann aber bei rund 5 Mio. Fahrzeugen liegen. Dieser Diskrepanz wird China mit einer Exportoffensive begegnen und damit weltweit die Margen in der Automobilbranche unter Druck setzen. (11)
Im Jahr 2004 lag die durchschnittliche Auslastung aller Automobilwerke in China bei rund 58%. Als profitabel gilt in der Branche ein Werk erst ab einer Auslastung von 85%. (8)

Die chinesische Automobilindustrie wird verstärkt ihre eigenen Marken im Inland und Ausland verkaufen. Bis zum Jahr 2010 will China zum drittgrößten Automobilproduzenten der Welt werden, so der Verband der chinesischen Automobilindustrie. Mit dem Label "Made in China" will das Land den Weltmarkt erobern, die heimischen Marken sollen zu ernsthaften Konkurrenten für etablierte Kfz-Hersteller werden. Die größte chinesische Automobilmarke SAIC mit einer Fahrzeugproduktion von rund 1 Mio. Fahrzeuge, 60 000 Mitarbeitern und einem Umsatz von 18 Mrd. Euro sucht immer wieder nach interessanten Investitionen im Ausland um auch dort Produktions- und Entwicklungsbasen aufzubauen. Auch FAW, der zweitgrößte Hersteller, wird international aktiver. (6)

Der heimische Automarkt glänzt in den nächsten Jahren mit moderaten Wachstumsraten. Hier wird bis 2006 mit einer sich abflachenden Wachstumskurve bei den Pkw-Neuzulassungen gerechnet - von 2,3 Mio. im Jahr 2004 auf 2,7 Mio. im Jahr 2006. [Abb.3] Dies ist auch vor dem Hintergrund zu sehen, dass derzeit in einem Land mit 1,3 Mrd. Menschen lediglich 60 Mio. Chinesen über ein jährliches Einkommen von mehr als 5 000 Dollar verfügen. Und erst ab diesem Einkommen kann sich ein Chinese einen Pkw leisten. (8), (10)

Russland attraktiver Markt mit Wachstumspotenzial

Der russische Automarkt expandiert weiter. Im Jahr 2004 wurden rund 1,3 Mio. Fahrzeuge (nach 1,2 Mio. Fahrzeugen im Vorjahr) abgesetzt. [Abb.1] Dabei sind etwa 4,8 Mrd. Dollar in neue Importautos investiert worden. Weitere 2 Mrd. Dollar sind in ausländische Marken geflossen, die in Russland montiert wurden. 2004 wurden insgesamt ca. 280 000 Importfahrzeuge

abgesetzt nach 120 000 im Vorjahr. (3), (13)
Bis 2006 soll der Absatz insgesamt auf rund 1,6 Mio. Fahrzeuge steigen. [Abb.3]

Noch stammt der überwiegende Anteil der verkauften Fahrzeuge aus russischer Produktion, doch in Zukunft wird ein deutlicher Anstieg des Anteils ausländischer Fahrzeuge verzeichnet werden. Waren es rund 210 000 in 2004 liegen die Schätzungen bei 400 000 bis 450 000 in 2010. Bis zu 50% der verkauften Autos werden dann von ausländischen Herstellern sein; Importautos und in Russland produzierte Autos ausländischer Hersteller.
Der durchschnittliche Preis pro Importwagen stieg im Jahr 2004 auf 22 500 von 17 300 Dollar im Vorjahr. Die Einfuhrzölle sollen aber weiterhin sinken. (3)

Ausländische Hersteller engagieren sich zunehmend bei russischen Zulieferern und Kfz-Herstellern und übernehmen zum Teil Mehrheitsbeteiligungen. Die ehemals paritätischen Gemeinschaftsunternehmen werden damit Tochtergesellschaften. Das unterstreicht die Attraktivität des Automobilmarktes Russland. So hat zuletzt Renault seinen Anteil an Avtoframoz von 50 auf 76% erhöht. (3)

Die deutschen Zulieferer sind ähnlich wie in China nur zögerlich bei ihrem Russlandengagement und analysieren derzeit die Marktchancen und potenziale.

Nachteile sind insbesondere niedrige Stückzahlen, so dass auch für Zulieferer Joint Ventures eine erste Option für den Markteintritt sind. (13)

Indien der große Boom steht noch bevor

Im Jahr 2003 ist die Zahl der Neuzulassungen in Indien von 704 000 auf ca. 837 000 Pkw erhöht worden. Auch in den nächsten Jahren soll der Absatz weiter steigen und im Jahr 2006 rund 1,1 Mio. Pkw erreichen. [Abb.3], (11)

Wo früher noch Kühe das Straßenbild prägten ist nun der Verkehr durch Pkw-Modellvielfalt gekennzeicht primär Klein- und Kompaktwagen. Bisher gehört Indien mit 6 Autos pro 1 000 Einwohner zu den am schlechtesten motorisieren Nationen der Welt. Auf der anderen Seite verfügt das Land mit 3,3 Mio. Kilometern über das zweilängste Straßennetz der Welt, nach den USA, wobei der Straßenzustand natürlich teilweise katastrophal ist. (12)

Die hohen Importzölle (über 100%) machen es fast unmöglich ohne eigene Produktionsstätten in Indien den Vertrieb aufzubauen. Für einige ausländische Hersteller sind aber die noch geringen

Absatzpotenziale ein Hindernis, da erst ab einer kritischen Größe der Aufbau von Produktionskapazitäten in Indien Sinn macht. Vor allem Premiumhersteller scheuen sich daher noch vor diesem kapitalintensiven Schritt. Andere, wie Skoda und Mercedes-Benz haben den Schritt schon gewagt. (12)

Der Marktanteil der lokalen Automobilhersteller Maruti, Tata Motors und Mahindra & Mahindra liegt bei über 70%. Dabei ist nicht zu übersehen, dass Suzuki mit 54,2% an Maruti beteiligt ist. Hyundai und Toyota haben Marktanteile von 13,5 und 4,5% im Jahr 2003 erzielt. Beide Unternehmen wollen die Kapazitäten in den nächsten Jahren deutlich ausbauen. VW will die Kapazitäten erhöhen und aus Indien zusätzlich in Nachbarstaaten exportieren. (2)

Fazit

China wird in den nächsten Jahren der dominante asiatische Automobilmarkt werden. Die deutschen Autobauer in China, die derzeit einen Marktanteil von 28% (primär VW) besitzen, beschäftigen direkt und indirekt rund 60 000 Mitarbeiter in China mit steigender Tendenz. (7)

Dabei dürfen Russland und Indien nicht übersehen werden. Vor allem durch politische und wirtschaftliche Stabilität haben die beiden Märkte in den letzten Jahren international an Profil gewonnen. Das macht diese Märkte zu attraktiven Automobilabsatzmärkten, deren Absatzboom noch bevorsteht, und zu interessanten Standorten für Produktionsbasen von ausländischen Automobilherstellern und zulieferern.

In allen drei Märkten ist der Einstieg meist über Kooperationen mit lokalen Automobilherstellern zu erreichen. Der schnelle Aufbau von Zuliefernetzwerken und die richtige Vermarktungsstrategie sind entscheidende Erfolgsfaktoren für die Etablierung der Automobilmarke in diesen Märkten. Dabei sind in einer ersten Phase Volumenhersteller, die im unteren Preissegment anbieten können, im Vorteil gegenüber Premiumherstellern, die erst mit deutlicher Zeitverzögerung am wirtschaftlichen Boom und steigenden Wohlstand der Volkswirtschaften partizipieren können. Ausnahme bildet hier möglicherweise Indien, wo die meisten Dollar-Millionäre der Welt sitzen und u.a. schon 15 Maybachs von reichen Maharadschas geordert wurden.

Fallbeispiele

Markenpiraterie in China

Chinesische Automobilhersteller drängen mit Kopien von populären Fahrzeugen als Billigmarken auf den internationalen Automarkt. So hat der staatliche chinesische Automobilkonzern Chery das Design eines Kleinwagens, dem US-Modell Spark von GM, komplett kopiert. Chery plant sogar das Modell zu einem um 30% niedrigeren Verkaufspreis in den USA über einen lokalen Importeur zu verkaufen. (9)

VW und GM bauen ihr Kapazitäten in China weiter aus

VW, das unter sinkenden Marktanteilen in China leidet, will bis zum Jahr 2008 die Fertigungskapazitäten in den chinesischen Werken von 700 000 auf 1,6 Mio. erhöhen. GM wird in dem Land, das derzeit von Überkapazitäten gekennzeichnet ist, seine Kapazität auf 1,3 Mio.

Einheiten verdoppeln. (8)

DaimlerChrysler in Indien

DaimlerChrysler erwartet nach Angaben des Entwicklungsvorstandes Rüdiger Grube Indien den Beginn eines Booms. DaimlerChrysler sieht Indien als strategisch so wichtig wie China an. Vor allem die jungen Käuferschichten werden immer marken- und imagebewusster und sind so ideale Zielgruppen für den Hersteller hochwertiger Fahrzeuge. Auch andere Automobilhersteller Premium- und Volumenhersteller - entdecken Indien nun als neues automobiles Mekka. So hat zuletzt Audi den Markteintritt gewagt; noch ohne Produktionsstandort. (12)

Zahlen & Fakten

Der russische Automarkt (3)

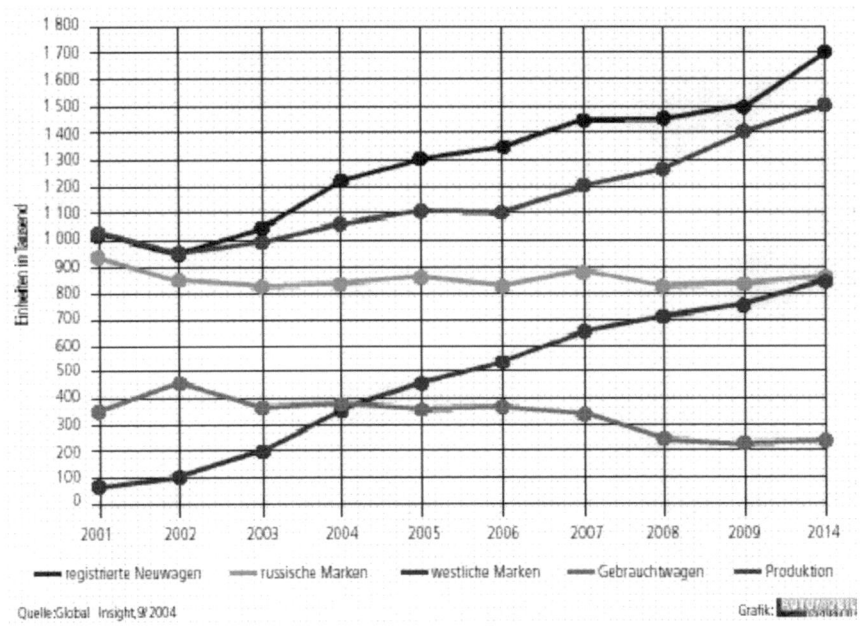

Entnommen aus: Automobil Industrie Nr. 4 vom 06.04.2005, S. 30

China: Top 18 Automobilkonzerne nach Neuzulassungen 2003, 2004

Rang	Hersteller	2004* Neuzulassungen	2003* Neuzulassungen	Veränderung gegenüber Vorjahr in Prozent
1	VW-Konzern	306.300	322.100	-4,9
2	General Motors	146.200	75.700	93,1
3	Hyundai	105.900	50.600	109,3
4	Toyota	101.700	75.500	34,7
5	Suzuki	85.400	76.000	12,4
6	Honda	83.100	48.400	71,7
7	Mitsubishi	54.800	34.500	58,8
8	Geely Auto	54.700	33.300	64,3
9	Chery Auto	50.600	27.100	86,7
10	Mazda	48.400	29.100	66,3
11	Citroen	46.800	52.200	-10,3
12	Nissan	37.900	34.700	9,2
13	Ford	26.000	3.900	566,7
14	Fiat	16.700	20.100	-16,9
15	Dongfeng	9.500	4.200	126,2
16	Brilliance	8.600	15.600	-44,9
17	Chrysler	6.900	6.200	11,3
18	BMW	4.900	-	-

* Erstes Halbjahr.

Quelle: AID, PwC

Entnommen aus: Automobilwoche, 16/2004, S. 11

Pkw-Neuzulassungen in den Jahren 2002 bis 2004 in Indien, China, Russland (11)

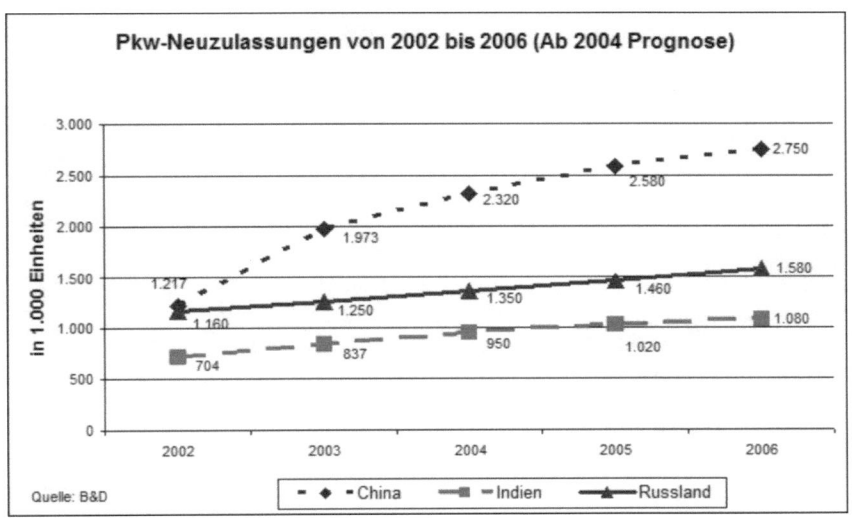

Entnommen aus: Automobil Produktion, Heft 2/2005, S. 28-29

Weiterführende Literatur

(1) O.V., Auto Jahresbericht 2004, VDA - Verband der Automobilindustrie, www.vda.de
aus Automobil Industrie Nr. 04 vom 06.04.2005 Seite 026

(2) Aufbruchstimmung am Ganges
aus Automobil Produktion, Heft 3/2005, S. 38-40

(3) Der Rubel kommt ins Rollen
aus Automobil Industrie Nr. 04 vom 06.04.2005 Seite

030

(4) Der Drache tritt aufs Gaspedal
aus auto&technik, Heft 03/2005, S. 46-48

(5) Chinesischer Autosektor 2004 mit gedämpftem Wachstum
aus auto&technik, Heft 03/2005, S. 46-48

(6) Chinas Automarkt Die China-Connection - Cecra-Präsident Creutzig über die Folgen des automobilen Booms
aus kfz-betrieb Nr. 08 vom 24.02.2005 Seite 010

(7) VDA sieht weiterhin gute Wachstumschancen in China - Verbandspräsident Gottschalk: "Traditionelle Stärken ausspielen"
aus AUTOHAUS Online vom 21.04.2005

(8) Wachstumsmarkt in der Krise
aus Automobil Produktion, Heft 3/2005, S. 34-35

(9) Der Drache spuckt Feuer
aus Automobil Industrie Nr. 03 vom 03.03.2005 Seite 014

(10) Top Exportmärkte 2005. Kfz-Branche
aus Automobil Industrie Nr. 03 vom 03.03.2005 Seite 014

(11) Wieder Hoffnung für Westeuropa
aus Automobil Produktion, Heft 2/2005, S. 28-29

(12) Die neue Boom-Nation: REPORT Automarkt

Asien Die Inder kommen aus der Auto-Steinzeit
aus AUTO BILD, 18.02.2005, Nr. 7, S. 20

(13) Die Revolution rollt
aus Automobil Produktion, Heft 3/2005, S. 44-46

Impressum

Kfz-Märkte der Zukunft - Indien, China und Russland im automobilen Goldrausch!?

Bibliografische Information der deutschen Nationalbibliothek

Die Deutsche Nationalbibliothek verzeichnet diese Publikation in der deutschen Nationalbibliografie; detaillierte bibliografische Daten sind im Internet über http://dnb.d-nb.de abrufbar.

ISBN: 978-3-7379-1960-9

© 2015 GBI-Genios Deutsche Wirtschaftsdatenbank GmbH, Freischützstraße 96, 81927 München, www.genios.de

Alle Rechte vorbehalten. Dieses Werk ist einschließlich aller seiner Teile – z.B. Texte, Tabellen und Grafiken - urheberrechtlich geschützt. Jede Verwertung außerhalb der Grenzen des Urheberrechtsgesetzes bedarf der vorherigen Zustimmung des Verlags. Dies gilt insbesondere auch für auszugsweise Nachdrucke, fotomechanische

Vervielfältigungen (Fotokopie/Mikroskopie), Übersetzungen, Auswertungen durch Datenbanken oder ähnliche Einrichtungen und die Einspeicherung und Verarbeitung in elektronischen Systemen.